LE MONTRÉAL DE MON ENFANCE

Dédié à ma fille Donna-Marie, et ma mère qui m'a eu *icitte*.

L'auteur-illustrateur tient à remercier de leur collaboration Robert de Thomasis, Lucille Grondin, Daniel Cloutier, Fernand Bouchard, Dianne et François Giuristante, la Société de transport de la Communauté urbaine de Montréal, le Centre d'histoire de Montréal et le Musée ferroviaire de Saint-Constant.

© 1994 Antonio de Thomasis

Rédaction supplémentaire de Michèle Boileau

Publié au Canada par Livres Toundra, Montréal, Québec H3Z 2N2,
et aux États-Unis par Tundra Books of Northern New York, Plattsburgh, N.Y. 12901

Fiche de la Library of Congress (Washington): 94-60520

Données de catalogage avant publication (Canada)
Thomasis, Antonio de, 1938-
        Le Montréal de mon enfance

ISBN 0-88776-343-X

[Également offert en anglais sous le titre: The Montreal of my childhood, ISBN 0-88776-342-1]

I. Titre

PS8589.H472R84 1994   C848'.5403   C94-900345-X   PQ3919.2.T46R84 1994

Pour la compilation et l'édition du présent ouvrage, Livres Toundra a puisé des fonds dans la subvention globale que le gouvernement du Québec et le Conseil des Arts du Canada lui ont accordée pour l'année 1994.

Conception graphique: Dan O'Leary
Typographie des titres en caractères *Irv* créée par Irving Nadler
Imprimé à Hong Kong par South China Printing Co. Ltd.

LE MONTRÉAL DE MON ENFANCE

Antonio de Thomasis

Livres Toundra

Chaque semaine, il fallait remplacer le globe du lampadaire.

Préface

Quand j'ai vu les tableaux d'Antonio de Thomasis, j'ai eu un choc. Parce que, d'une part, les choses changent petit à petit sans qu'on s'en aperçoive vraiment et, d'autre part, parce que les occupations quotidiennes, la vie follement accélérée qui est la nôtre aujourd'hui nous empêchent de vraiment nous rappeler. Et soudain une image, et tout nous revient. On est de nouveau enfant...

Ce qui m'est revenu en premier ce sont des odeurs. Des odeurs de ruelles...c'est-à-dire un mélange de lavande ou de savon «Barsalo» venant du linge étendu sur les cordes et des odeurs de poubelles et de rats morts. «Hum!» L'odeur aussi de la petite fournaise à charbon dans la cabane où nous mettions nos patins à glace...l'odeur de teinture, de colle et de bottines chez le cordonnier...et l'odeur du goudron qu'on allait voler pour le «chiquer» quand il se faisait des réparations aux toits environnants.

Le Montréal de mon enfance est un merveilleux instrument de rencontre entre générations. Non seulement il nous permet à nous qui avons plus de cinquante ans de nous rappeler de façon plus précise cette enfance qui nous a échappé, mais en plus il nous permet de nous raconter.

Souhaitons que, grâce à ce livre, beaucoup d'aînés puissent se souvenir et ensuite se raconter, se rapprochant ainsi de leur propre enfance et en même temps de leurs enfants et de leurs petits-enfants.

Yvon Deschamps

Introduction

À cette époque, il y avait beaucoup d'enfants. C'était le temps des familles nombreuses. La télévision n'existait pas encore et nos mères nous envoyaient jouer dehors afin de ne pas perdre la tête.

Les ruelles nous appartenaient, et nous n'avions peur de rien. Nous ne redoutions ni la maladie ni le danger. Nous allions chercher des balles dans les égouts. Nous bottions les ordures pour réveiller les mouches. Nous balancions des rats morts par la queue pour effrayer les filles.

Nous connaissions les hangars ouverts, où nous pouvions gravir l'étroit escalier de bois jusqu'au troisième et parfois même jusqu'à la toiture. Là, juste assez près du bord pour impressionner la foule plus bas, nous criions à l'exploit et à la bravoure en nous prenant pour le comte de Monte-Cristo sur son rocher.

L'argent manquait, mais les idées abondaient. Les manches des balais et des vadrouilles étaient vite transformés en épées et en baguettes de tambour. La poubelle que sa propriétaire négligeait de récupérer dès le passage des éboueurs se retrouvait quelque part au bout de la ruelle, passablement bosselée, son couvercle disparu à tout jamais.

Seuls les chats se montraient plus malins que nous. Ils savaient comment éviter les plus détestables d'entre nous et comment exploiter les autres. Les nuits d'été, leurs cris amoureux nous réveillaient, et ils excellaient à repérer des lieux sûrs, sous les hangars, où mettre bas la portée issue de leurs amours. Ils connaissaient les habitants de chaque maison, savaient à quelles fenêtres se frotter pour obtenir un bol de lait et, par temps froid, quelles portes gratter pour passer la nuit à l'intérieur.

Dans les rues et les ruelles, nous faisions (presque) la pluie et le beau temps. Les autos klaxonnaient, certes, mais elles nous donnaient amplement le temps de dégager la voie. Elles nous renversaient rarement. Les filles préféraient l'asphalte — plus lisse et plus propre — pour jouer à la marelle. Les fragments de statues religieuses brisées nous servaient de bouts de craie. Que de têtes de Jésus et de Marie ont tracé des figures de jeu! Hélas! les arroseuses qui nettoyaient les rues effaçaient ces oeuvres d'art.

À l'époque, les filles étaient censées se comporter en demoiselles, c'est-à-dire nous regarder fanfaronner. Toutefois, parmi elles, il y avait forcément un garçon manqué pour essayer de faire comme nous. Mais nous avions sur les filles un avantage certain : nous n'étions pas obligés d'interrompre nos jeux pour faire pipi; n'importe quel mur extérieur faisait l'affaire. Les filles, elles, devaient courir à la maison en se contorsionnant parfois de façon révélatrice.

Nous n'étions pas méchants. Nous ne faisions de mal à personne... à part rendre tout le monde fou. C'était merveilleux!

Puis, le pire s'est produit : nous avons grandi.

Au début et à la fin d'une journée d'été, les ruelles étaient désertes.

Dans Les rues et Les rueLLes

Les hangars du temps

Le soleil tombait dans les ruelles qui commençaient à être moins bruyantes. De petits coups de marteau et le bruit des patins à roulettes s'entendaient au loin.

Les hangars des ruelles étaient notre royaume. Nous y grimpions et nous nous y cachions. Leur tôle rouillée reflétait la lumière du soleil couchant. Leurs escaliers et leurs balcons grugés auraient eu besoin d'une bonne couche de peinture. Mais l'entretien de ces cabanes semblait échapper à leurs propriétaires. Quand la rouille trouait la tôle, une enseigne de Pepsi ou de Coke, le plus souvent dérobée, servait à masquer les défauts.

Sales et poussiéreux, les hangars sentaient les ordures. On les avait construits pour entreposer le charbon de nos poêles de maison. Tantôt à l'extérieur, tantôt à l'intérieur, les escaliers étaient toujours en bois, étroits et délabrés. Mais nous savions être prudents quand il le fallait.

Nous savions aussi ce que cachait chaque cour clôturée. Si on ne l'avait pas inspectée du haut d'une maison, on se hissait en curieux sur le dessus écorchant de la clôture. Les parents étaient assez malins pour ne pas y laisser d'objets de valeur.

L'été, les ruelles et les galeries n'étaient désertes que tôt le matin ou le soir, soit avant ou après le lavage. On entendait toutefois des bruits : le hurlement de la radio, l'entrechoquement des poêlons, une discussion énergique, le cri d'un parent : «Vas-tu m'arrêter ça?»

Après le souper, nos parents s'asseyaient sur le balcon et regardaient tous les autres parents faire la même chose.

La brunante mettra bientôt fin à une journée bien remplie. *Mais c'est pas grave. Y'en aura une autre demain.*

Dans notre rue, un petit matin d'été

Depuis tôt ce matin, Alice est assise sur la chaîne de trottoir. À côté d'elle, une pile d'albums de *comiques*. Son trafic d'échange se fait comme d'habitude.

Vincenzo, le boulanger, stoppe sa voiture pendant que son fils, Mike, trotte vers une maison, portant au bras son panier de pain ordinaire et de pain pizza avec un trou au centre. Le cheval attend. Sans qu'on lui fasse signe, il s'arrêtera devant la maison du prochain client.

Vincenzo salue Clément, le laitier, d'un air envieux. C'est que Clément a un nouveau camion et un circuit beaucoup plus important. Nos parents se souviennent du temps où lui aussi utilisait une voiture tirée par un cheval. Le premier bruit du matin était celui des sabots, suivi du bruit des pas rapides montant l'escalier jusqu'à la porte, du choc des bouteilles de lait frais posées par terre et du cliquetis des bouteilles vides remises dans le contenant de métal.

De l'autre côté de la rue, Arthur, le chauffeur de taxi, commence sa journée. Comme tous les matins, il envoie un salut de la main. Le balayeur de rues fait une pause, le temps d'allumer sa pipe.

Ce matin, un autre bruit se fait entendre : un homme s'installe au bord de la rue avec sa *patente* pour aiguiser les couteaux et les ciseaux en chantant qui sait en quelle langue...

La journée sera chaude.

Boulanger, laitier, balayeur de rues, affûteur de couteaux, chauffeur de taxi... et enfants.

En attendant Le marchand de glace

La multiplication des duplex

Observer les ouvriers de la construction nous fascinait, mais nous étions mécontents de perdre notre champ de base-ball. Jean-Guy et moi nous tenions là, hypnotisés par la bétonnière qui tournait inlassablement jusqu'à midi. Puis, un nouveau bruit retentissait : le sifflet du *chariot à patates frites*. Le chanceux qui avait cinq cents pour se payer une *traite* voyait soudain sa popularité augmenter au sein de la bande, le temps de lui piquer deux ou trois frites.

Le soir, une fois les ouvriers partis, nous jouions *à' cachette* dans le labyrinthe des fondations. Nos parents nous l'interdisaient à cause des dangereuses planches flottantes. Mais, à cet âge-là, le danger n'existe pas.

Armand, fidèle marchand de glace

«Ouf! Qu'y fait chaud et collant!» Paul, le grand frère de Jean-Guy, fait des livraisons à bicyclette pour l'épicerie. C'est lui qui nous avertit quand Armand-la-glace passe dans la ruelle. Dès qu'Armand quitte sa voiture pour faire une livraison, Ti-Pierre s'élance pour aller chercher deux poignées de morceaux de glace dans le fond du véhicule. Nous repartons en courant et donnons les glaçons à nos soeurs qui attendent, accotées à la clôture.

La pomme au four cuite au goudron

De temps en temps, des couvreurs venaient au chantier. Nous nous offrions alors une petite gâterie. Au moyen d'un bâton et d'une ficelle, nous trempions une pomme dans le goudron chaud. Après avoir dépouillé le fruit de son enduit noir, nous nous délections d'une pomme cuite au goudron. Certains ouvriers nous chassaient en pestant contre nous. D'autres, se rappelant sans doute leurs propres mauvais coups, riaient de bon coeur.

Le chariot à patates frites arrivait à midi pile.

Un glaçon subtilisé au marchand de glace était plus rafraîchissant qu'un popsicle.

Nous nous faisions cuire des pommes dans le goudron chaud des couvreurs.

Glands, ficelle, manches à balai et torchons. Voilà tout.

Des jeux qui ne coûtaient rien

Ficelle et manches à balai: indispensables

La ficelle était partout. Même l'épicerie arrivait ficelée. Nous organisions des combats de colliers de *glands* enfilés sur des bouts de ficelle. Le gagnant était celui dont les *glands* avaient résisté.

Un manche à balai ceint d'un torchon, et une brique comme support suffisaient pour jouer au *drapeau*. Il fallait courir, s'emparer du manche et le transporter jusqu'à la ligne opposée sans se faire toucher.

Un manche brisé servait au jeu du *moineau*, un jeu si dangereux que nos parents appelaient la police dès qu'ils nous y prenaient. Avec une partie du manche, nous fabriquions d'abord un fuseau de quatre pouces *gossé* aux deux bouts et appelé *moineau*. On posait le moineau par terre au centre d'un cercle et, au moyen de la partie longue du manche, il fallait cogner le *moineau* de façon à le faire lever de terre pour immédiatement le *batter* le plus loin possible. On plantait alors le bout pointu du bâton dans le cercle le plus grand nombre de fois possible. Celui qui revenait avec le *moineau* le *battait* à son tour. Le gagnant est celui qui avait planté le bâton dans le cercle le plus grand nombre de fois.

Les hangars et les cours se prêtaient parfaitement au jeu de *branch-à-b'branch*. Nous allions nous cacher. Notre capitaine retournait rencontrer l'équipe adverse et traçait un plan qui devait mener à notre cache. Tout en accompagnant l'équipe qui nous cherchait, il criait des messages codés pour nous indiquer la distance qui séparait l'adversaire de nous. Quand l'équipe adverse dépassait notre cache sans nous trouver, le message lancé nous signifiait de courir pour toucher la base les premiers.

Ce jeu provoquait des discussions. Le capitaine devait dessiner un plan à la fois assez fidèle pour être acceptable et assez trompeur pour ne pas tout dévoiler. Un excellent exercice pour les futurs politiciens.

Samedi, jour de gros travaux

Nous nous retrouvions dans la ruelle pour décorer notre scooter ou en monter un nouveau. Antoine avait un scooter du tonnerre que nous prenions tous comme modèle.

Il fallait d'abord trouver un cageot d'oranges vide, à défaut de quoi on se contentait d'une *crate* de pommes. Un patin à roulettes appartenant à une grande soeur était ensuite démonté pour ses quatre roues. Le plus difficile à trouver était le *2 par 4* qui serait encore assez solide pour servir de monture. Les chantiers de construction sans surveillance regorgeaient de matériaux bruts. Marteau et tournevis passaient de main en main. Les clous, faciles à trouver, demandaient parfois un léger redressement.

Une fois le scooter construit, il s'agissait de le personnaliser. On installait des boîtes de conserve vides en guise de phares, mais tout le monde faisait cela. Il fallait trouver quelque chose d'unique. Un vieux cintre pour antenne; une ancienne plaque d'immatriculation, des couvercles de bocaux, des étiquettes...

Il y avait toujours un «fils de riche» (parfois, une fille) pour venir nous montrer son vrai scooter qu'il appelait trottinette et qui sortait directement du magasin. Nous l'ignorions de toutes nos forces. D'ailleurs, même flambant neuf, son scooter n'était jamais aussi *fancy* que les nôtres.

Nous nous efforcions aussi d'ignorer la petite Yolande tout en l'impressionnant. Vêtue de sa plus belle robe et juchée sur les souliers à talons hauts de sa soeur aînée, elle venait nous voir à l'oeuvre. Appuyée sur la clôture, *Mam' Chose* observait la scène en placotant avec sa voisine, bigoudis sur la tête, toute prête pour la messe du lendemain matin.

Rien de plus facile que de monter un scooter. Mais, le personnaliser exigeait une grande imagination.

Instructions (à l'intention d'autrui)

Nous n'avions pas besoin d'instructions. Nous savions fabriquer tout ce qui nous importait.

Mais rien n'exprimait aussi bien notre individualité que le casque. Au départ, il fallait un vieux chapeau de feutre. À l'époque, tous les hommes en portaient un. On ne devenait homme que lorsqu'on troquait sa casquette pour un feutre. Même le *quêteux* possédait un feutre, mais lui s'en servait pour... quêter.

Nous attendions donc que père ou frère se débarrasse de son vieux feutre. Nous ôtions le ruban et le rebord, nous dentelions le bord et le retournions. C'est à partir de cette étape que nous nous distinguions.

Nous percions des trous selon un motif. Au feutre, nous fixions écussons, capsules de bouteilles, médailles, rubans, plumes, broches, boutons; tout ce que nous jugions unique. Si les autres nous imitaient, nous avions la consolation d'avoir innové. C'était ça, être un *leader*.

Nous nous affirmions aussi dans la façon de le porter. Sur le côté de la tête. À l'arrière. Ramené sur les yeux. Un crayon derrière l'oreille. (Le crayon signifiait qu'on avait un emploi. Cela nous donnait beaucoup d'importance. Le crayon servait à faire signer des factures, comme preuve de livraison au nom d'un épicier qui nous payait... *pas cher*. Mais, il n'y a pas de sot métier...)

Nous aimions tant nos chapeaux de création que nous ne voulions pas les ôter, même en classe. Une autre bonne raison de détester l'école.

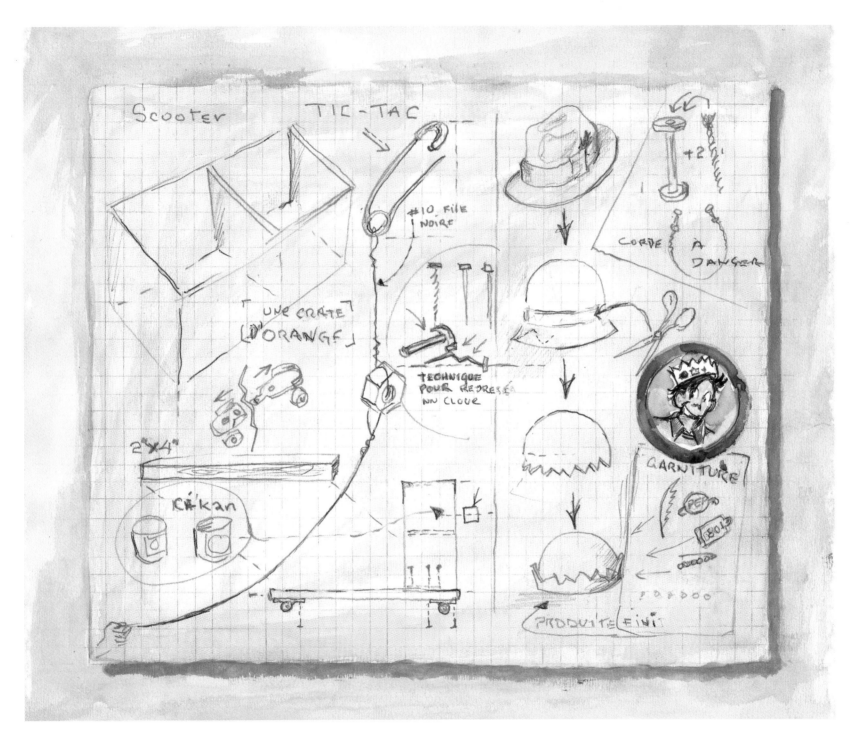

Nos meilleures «inventions»: un scooter, un «tic-tac» et un casque en feutre.

Comment exaspérer la voisine

Ce vilain tour s'appelait tic-tac à cause du bruit qu'il produisait.

Nous travaillions en silence, dans l'obscurité. Tout notre matériel était préparé à l'avance. Un fil noir était noué à un tarot et à une grosse épingle à couche. Le plus hardi et le plus agile d'entre nous pour grimper allait ensuite enfoncer la pointe de l'épingle dans le rebord de la fenêtre située juste au-dessus de la vitre visée. Sa mission accomplie, il retraversait la rue, bobine de fil en main, en prenant soin de ne pas déloger l'épingle.

Tout était maintenant en place...

Bien cachés derrière une auto, nous tirions délicatement sur le fil. «Tic-tac», faisait le tarot en contact avec la vitre. La dame de la maison ouvrait sa porte et regardait autour, cherchant la cause du bruit. Nous étouffions nos rires et cessions de tirer. Aussitôt que, n'ayant rien vu, elle refermait la porte, nous recommencions.

C'était cent fois mieux que de sonner aux portes et de se sauver.

Le tic-tac contre la vitre rendait la voisine perplexe.

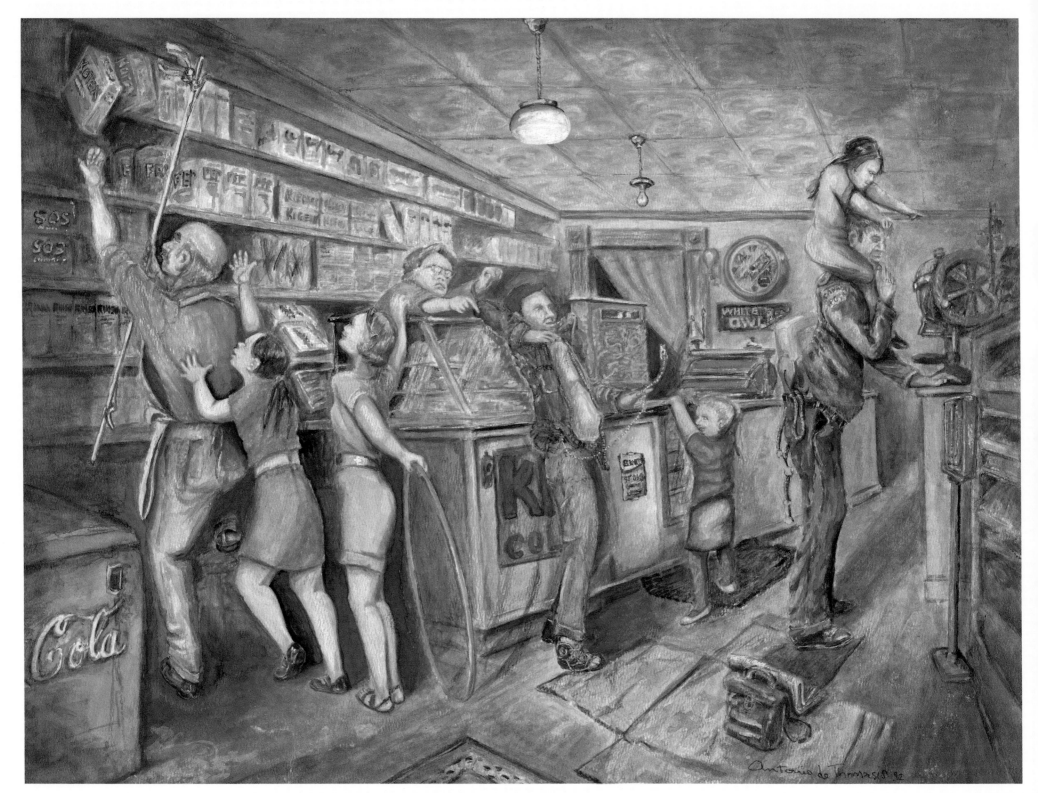

Le magasin du coin : comme passe-temps ou comme lieu de rencontre.

Les endroits fréquentés: magasins, restaurants, marchés

Le *p'tit* magasin du coin

En arrivant au magasin du coin, on trouvait invariablement Marco. Il y était à longueur de journée, appuyé au rebord de la fenêtre, du côté extérieur. Sinon, il était à l'intérieur en train de faire tinter son porte-clés et d'observer tout le monde jusqu'à ce que M. Dominique le chasse. «T'as sûrement aut'chose à faire que de traîner ici comme un va-nu-pieds.» C'était un ordre. «Mais, chu ben icitte», marmonnait Marco, haussant les épaules et se dirigeant vers la sortie. L'hiver, il venait plus souvent, car il pouvait se réchauffer au-dessus de la grille d'air chaud.

Mimi (Mme Dominique) s'occupait principalement des comptes. Elles tenaient des livrets pour ceux d'entre nous—et nous formions la majorité — qui réglaient soit à la fin du mois, soit à la réception du chèque de *secours direct*. Aux plus pauvres correspondaient des livrets individuels, facilement identifiables grâce aux noms inscrits sur la tranche. *Nous les connaissions tous.*

M. Bérubé, le postier, prend sa fille sur ses épaules pour qu'elle puisse le regarder moudre son café. Louise et son amie Nicole, trop timides pour demander des Kotex, demandent une *boîte à surprises*.

En ce temps-là, le savon Lifebuoy était un bon vendeur, parce que, comme le suggérait la publicité, votre odeur naturelle vous privait d'amour et d'emploi.

Le juke-box chez Spiro.

Les chansons du palmarès nous parvenaient toujours six mois après leur lancement aux «États».
Qu'importe! Notre plaisir, à nous, Montréalais, consistait à «traduire» les grands succès américains en leur donnant une saveur régionale dont voici quelques exemples:
Version originale: *Put another nickel in, In the nickelodeon, All I want is loving you and music, music, music...*
Version montréalaise: *Mets cinq cennes dans l'gramophone, Viens danser ma grosse cochonne...*
Version originale: *Ramona, They are singing out the song of love...*
Version montréalaise: *Ramona, Tu pus des pieds, Tu sens l'tabac...*

Le samedi, au marché Jean-Talon

Sur les lieux dès cinq heures, les fermiers avaient mis leurs cages de poules vivantes bien en vue et installé leurs étalages. Au moment où nous arrivions, une grand-mère italienne, dans son noir de deuil, *barguinait* déjà son poulet qui se débattait dans la balance. «Trop cher. Trop cher.»

Le vendredi soir, chez Dominion

À la sortie du magasin, nous attendions en rangs, comme à l'école, mais traîneaux en main. Une dame n'était pas aussitôt sortie que nous empoignions ses sacs et les déposions dans le traîneau. Pour ce travail acharné, on nous donnait un gros dix *cennes*. Si nous pouvions résister au désir de le dépenser, il aboutirait dans notre tire-lire, en prévision des vacances *s'a beach*, à Plattsburgh ou à Pointe-Calumet.

Le juke-box : passeport de 5 *cennes* pour le rêve et le romantisme.

La tâche des grands-mères : choisir le bon poulet au marché.

Les vendredis soir, nos traîneaux étaient prêts pour les livraisons.

Les jours de tempête, c'était comme si les *p'tits chars* venaient à notre rescousse.

Les beLLes années du transport en commun

Nos déplacements d'hiver

Par un jour de tempête de neige, rien ne nous plaisait plus que la vue du tramway s'approchant. Il arrivait en sauveteur, faisant tinter ses clochettes et ouvrant ses portes en signe de bienvenue.

Nous pénétrions dans sa chaleur, secouant la neige comme les chiens secouent l'eau. S'il y avait foule et que nous allions au Mont-Royal, nous nous tenions à l'arrière en serrant nos *traînes sauvages* contre nous.

Lors de tempêtes, il pouvait arriver que le tramway soit pris derrière une automobile immobilisée sur les rails. Bientôt, une file de tramways se formait, tel un rassemblement de chars allégoriques attendant que le défilé se mette en branle. Cela pouvait durer quelques minutes, parfois plus d'une heure. Mais notre attente se passait au chaud et à l'abri.

Les autobus qui ont supplanté les tramways nous transportent plus rapidement en hiver. Ils contournent sans difficulté les autos immobilisées. Mais, dans nos coeurs, rien ne saurait remplacer nos *p'tits chars*.

Par la porte arrière

Hector était toujours assis à son poste surélevé. Entouré de barres de métal, il s'assurait que nous déposions notre ticket dans la boîte, perforait la correspondance en papier et nous la remettait. Au temps de mes parents, il y en avait qui conservaient leurs correspondances pour les réutiliser à la même date l'année suivante. Mais la compagnie de tramway s'en est aperçu et a commencé à changer la couleur du papier chaque année.

Nous étions censés monter du côté gauche et contourner le percepteur. La porte du côté droit était une sortie. Seulement, nous utilisions les deux côtés quand nous essayions de nous faufiler sans payer. C'était plus facile lorsque le tramway était bondé. Il suffisait de se serrer contre les autres au moment où les portes se refermaient. Impossible d'atteindre la boîte pour payer.

D'une place assise, il y avait toujours quelque personne intéressante à observer. Une femme portant *rainettes* (en cas de pluie), chapeau et sac à main mauves coordonnés; une dame énorme vêtue d'un manteau «en vraie imitation de cuir» qui se faisait aider — ou pousser — pour monter les quelques marches.

Tous les garçons se vantaient d'avoir, au moins une fois, débranché le trolley du tramway. Furieux, le conducteur quittait son poste, se rendait à l'arrière de la voiture et rebranchait la perche tout en nous grondant tandis que nous nous sauvions.

Hector actionnait sa clochette pour annoncer qu'il fermait les portes, ou, du moins, qu'il essaierait.

De son poste surélevé, Hector contrôlait les entrées et les sorties.

Les sous-vêtements gelés sentaient bon la pureté de l'hiver.

Nous avions de véritables hivers

La rentrée des *combinaisons* gelées

Les hivers de mon enfance étaient froids. Chaque semaine, le lavage comportait de longues *combinaisons* de flanelle. Nos mères les suspendaient elles-mêmes à la corde à linge, mais elles avaient besoin d'aide pour les rentrer. Par temps très froid, ces lourds sous-vêtements figeaient presque immédiatement et tombaient dans la neige dès qu'on tirait la corde. Je me tenais donc sous la corde pour les attraper. Je transportais les armures vides, blanches et rigides jusqu'à la galerie et je les appuyais contre le mur. Leur odeur évoquait la pureté de l'hiver.

Le hockey sans glace, sans rondelle, sans genouillères et sans filets

Nul besoin de glace pour jouer au hockey de ruelle. Nous jouions en bottes sur la neige tapée. Nous n'avions pas de rondelle; nous nous servions de crottins que les chevaux laissaient sur leur passage et que nous appelions *pommes de route*. Ils n'étaient pas très durables, mais la ressource était renouvelable. Notre gardien s'entourait les jambes de carton. Les manches à balai faisaient d'excellents poteaux de but. Quant à nos bâtons de hockey, nous les rubanions religieusement.

Dans la cabane, au *rond à patiner* du coin

Ceux qui possédaient des patins fréquentaient la patinoire du coin. Mais rien n'empêchait les autres de se tenir dans la chaleur de la cabane. Il y flottait parfois une odeur fort désagréable: probablement une *Chiclet* brûlant sur le dessus du poêle à bois. Nous nous asseyions, soit pour lacer nos patins, soit pour écouter les conversations.

«Déniaise-toi, Ti-Jean! crie Pierre en entrant dans la cabane. Attache tes lacets! Vas-tu patiner s'a bottine chaque fois que j't'amène icitte?

— Tu m'écoeures, tsé. Ôte-toé d'là!»

Les chevaux nous approvisionnaient en rondelles de hockey, plus communément appelées *pommes de route*.

Dans la cabane, on se réchauffait les mains ou on resserrait ses lacets de patins.

Le meilleur moment

Il y avait tant de neige, dans les rues, à l'époque! Le déblaiement se limitait à la pousser sur les côtés, de sorte qu'elle bordait les trottoirs. Nous nous promenions sur les bancs de neige, sautant par-dessus des passages dégagés. Quiconque réussissait à franchir la distance entre deux rues sans toucher terre était un héros. Même les corvées de pelletage des balcons et des escaliers ne diminuaient pas notre amour de la neige.

Dans les bancs de neige, nous pratiquions des tunnels et construisions des forts. Nous organisions des combats de balles de neige. Tout de suite après une tempête, nous roulions d'énormes boules pour faire des bonshommes de neige. Nous glissions aussi; faute de traîneau, une boîte de carton aplatie faisait parfaitement l'affaire.

Nous rentrions, tout gelés, les pieds mouillés, les mains trempées jusqu'aux os, les dents qui claquaient. Nous ôtions nos vêtements en essayant de ne pas trop mouiller le *prélat*. Ma mère suspendait nos mitaines et nos tuques. Elle déposait deux bûches dans le poêle, dont elle ouvrait la porte pour que, *effoirés* sur des chaises, nous puissions y étendre nos jambes. Une douce chaleur nous envahissait depuis les pieds. Des pelures d'orange brûlaient sur un rond du poêle, parfumant la cuisine.

Une bonne soupe aux pois mijotait. Le souper serait la fin d'une journée parfaite.

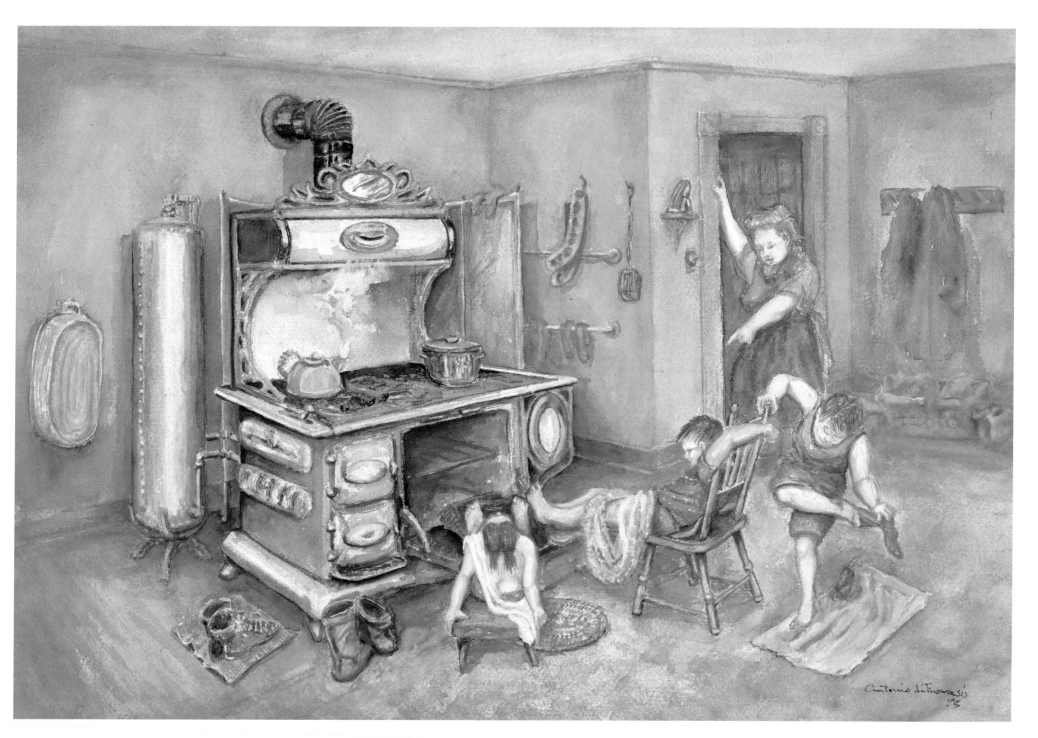

Fin d'une journée d'hiver, début d'une soirée chaleureuse.